허난설헌

허난설헌

김은미 글 유승하 그림

비룡소

오래전 강릉의 한 마을에 허엽이라는 사람이 살았어요. 허엽은 글솜씨가 무척 뛰어나 마을 사람들의 존경을 받았지요.

1563년, 허엽의 집에 예쁜 여자아이가 태어났어요. 허엽은 기뻐하며 아이의 이름을 초희라고 지었어요. 중국 초나라 장왕의 아내였던 '번희'처럼 현명하고 아름다운 사람이 되라는 뜻이었지요.

초희에게는 언니 두 명, 오빠 두 명, 그리고 남동생이 한 명 있었어요. 초희와 남자 형제들은 아버지를 닮아 글재주가 뛰어났어요.

"허씨 집안 사람들은 모두 글솜씨가 훌륭하군."

"그래서 아버지 허엽과 허성, 허봉, 허초희, 허균을 '허씨 집안의 다섯 문장가'라고 말하지 않나?"

조선 시대에는 여자들이 글을 배우거나 책을 읽는 일이 무척 드물었어요. 여자가 공부하는 것을 쓸데없는 일로 여겼거든요. 하지만 허엽은 초희의 재주를 아껴 아들들과 똑같이 공부시켰어요.

여덟 살 무렵, 초희는 「광한전 백옥루에 대들보를 올리며」라는 시를 썼어요. 달나라 궁전인 광한전에 옥으로 백옥루라는 정자를 짓는 모습을 상상하며 지은 시였지요.

그 시를 읽은 사람들은 깜짝 놀랐어요. 어린아이의 시라고는 믿기 힘들 정도로 나무랄 데 없는 솜씨였거든요. 사람들은 초희를 신동이라고 불렀어요.

"허씨 집안에 신동이 있다면서?"

"그렇다네. 그런데 그게 여자아이라지 뭔가. 재주가 아깝지."

광한전 백옥루에 대들보를 올리며

(……)
천천히 붉은 붓을 잡고
미소 지으며 붉은 종이 펼치니
강물이 흐르고 샘이 솟듯이
저절로 글이 써지네요.

구절구절 아름답고 힘찬 문장을
백옥루에 고스란히 바치겠습니다.
백옥루 경치가 한층 좋아질 거예요.

쌍대들보에 이 글을 걸고
동서남북 위아래
여섯 방향 신에게 축복을 빕니다.
(……)

은빛 창에 노을이 내려앉으면
저 아래 아득한
보잘것없는 인간 세상을 굽어보시고,

구슬 문이 바다에 다다르면
맑디맑은 물이 흐르는 뽕나무 밭을
삼천 년 동안 웃으며 지켜봐 주세요.

손으로 하늘의 해와 별을 돌리며
바람과 이슬 속에
머무는 신이시여.

둘째 오빠 허봉은 초희의 시 짓는 재능을 누구보다 아끼고 사랑했어요.

"우리 초희는 글솜씨가 정말 대단하구나. 좋은 선생님 밑에서 배우면 지금보다 시를 더 잘 쓸 수 있을 텐데."

허봉은 좋은 글을 쓰는 데 남자와 여자를 구별해서는 안 된다고 생각했어요. 그래서 이름난 시인인 친구 이달에게 초희와 막냇동생 균을 가르쳐 달라고 부탁했어요.

초희는 오빠 덕분에 좋은 선생님 아래에서 마음껏 공부할 수 있었어요.

하지만 초희는 늘 마음 한구석이 답답했어요. 여자는 남자의 그늘에서 조용히 살아야 한다고 생각하는 사람들 때문이었지요.

'여자와 남자가 뭐가 다르다는 거지? 내가 글을 읽으면 여자가 무슨 글이냐고 다들 야단이니……. 아, 난 왜 여자로 태어났을까?'

초희는 부잣집에서 고생 모르고 자랐지만 어려운 처지에 있는 사람들을 생각할 줄 알았어요. 시중드는 하인들을 볼 때면 '저 사람은 개나 소처럼 부려지는데 나는 이렇게 편히 지내도 되나.' 하고 마음 아파했지요.

 초희가 이런 생각을 하게 된 것은 이달 때문이었어요. 이달은 뛰어난 시인이었지만, 서자(본부인이 아닌 사람에게서 태어난 아들)였던 탓에 벼슬길에는 나갈 수가 없었어요. 그런 선생님 아래서 공부한 초희는 가난하고 힘들게 사는 사람들의 마음을 헤아릴 줄 알았어요.

 초희가 쓴 시 「가난한 여자의 노래」에는 초희의 마음 씀씀이가 잘 나타나 있어요. 시 속의 여자는 얼굴도 곱고 바느질 솜씨도 뛰어난데 가난해서 시집을 갈 수 없어요. 더욱이 이 여자는 다른 사람이 시집갈 때 입을 옷을 밤새 만들어야 하지요. 초희는 여자의 슬픔을 시에 고스란히 담아냈어요.

가난한 여자의 노래

(……)
손에 가위 쥐고 일하자니
밤은 춥고 열 손가락 모두 곱았네요.
다른 사람 시집갈 옷을 짓고 있지만
해마다 나는 독수공방한답니다.

어느덧 초희도 결혼할 나이가 되었어요. 초희의 집에서는 고르고 고른 끝에 안동 김씨 가문의 김성립을 신랑감으로 정했어요.

초희가 시집가던 날, 마을 사람들은 모두 한마디씩 했어요.

"신부의 글솜씨가 빼어나다는 이야기는 들었지만 얼굴도 참 곱구나."

"두 집안이 모두 쟁쟁하니, 잘 어울리는 한 쌍이야."

하지만 몇몇 사람들은 혀를 끌끌 찼어요. 초희가 글을 읽고 시를 쓰는 걸 못마땅하게 여긴 거예요.
"여자가 글공부라니 세상 참 좋아졌군."
"시는 무슨 시? 얌전하게 집 안에서 살림이나 할 것이지."
"저렇게 잘난 며느리가 들어왔으니 안동 김씨 집안도 조용하긴 글렀어."

　결혼한 지 얼마 안 되어 김성립은 과거 공부를 하기 위해 집을 떠났어요.
　김성립의 집에는 대대로 높은 벼슬에 오른 사람이 많았어요. 김성립의 아버지, 할아버지, 할아버지의 할아버지도 모두 과거를 봐서 높은 자리에 올랐지요.
　"우리 집안 어른들은 모두 과거에 합격해 높은 벼슬을 지내셨어. 나도 열심히 공부해서 꼭 과거에 합격해야지."
　김성립은 부지런히 과거 시험을 준비했어요.

초희는 남편이 보고 싶었지만 꾹 참고 기다렸어요.
"아기씨, 날마다 혼자 지내시니 얼마나 외로우세요."
"나야 집에서 편안하게 지내는걸. 공부하느라 서방님이 고생이시지. 이번에 돌아오시면 맛있는 음식을 해 드려야겠어."

그러던 어느 날, 초희에게 이상한 소문이 들려왔어요.
"아기씨, 이상한 소문이 들립니다."
"이상한 소문이라니?"
"서방님이 공부는 안 하고 날마다 술 마시며 놀고 계신답니다."

한동안 생각에 잠겼던 초희는 심부름하는 아이를 불러 좋은 술과 안주를 준비하게 했어요. 그러고는 시를 한 편 지어 술병에 적었어요.
"이 시를 이 음식들과 함께 서방님께 전해 드리고 오너라."

　　김성립의 친구들은 초희가 보내온 음식과 시를 풀어 보고는 깜짝 놀랐어요.
　"이 시 좀 보게. 김성립의 부인이 쓴 시일세."
　"뭐라고 썼는가? 어디 좀 읽어 보게."
　"어허, '서방님께서는 다른 마음이 없으신데 같이 공부하는 분은 어찌된 분이기에 우리 사이를 이간질하는가?'라고 씌어 있구먼."

　김성립에 관한 소문은 짓궂은 친구들이 꾸민 장난이었어요. 초희는 그것을 한눈에 알아보고 소문을 낸 친구들의 잘못을 꾸짖는 시를 지어 보낸 거예요.
　"부끄럽기 짝이 없군. 무슨 일인지 달려와 따지지 않고 오히려 맛난 음식을 보내 우리를 부끄럽게 만들다니. 여보게, 자네 부인은 여장부일세."

　김성립의 친구 중 송도남은 특히 장난기가 많았어요. 송도남은 김성립의 집에 올 때마다 늘 대문에서부터 이렇게 외쳤어요.
　"멍석님이 덕석님이 김성립이 있느냐?"
　그럴 때면 김성립은 당황해 어쩔 줄을 몰랐어요. 하인들이 듣는 데서 친구가 자기 이름으로 장난을 치니 무척 민망했지요. 그래도 마음 약한 김성립은 얼굴만 붉힐 뿐 아무 말도 못했어요. 보다 못한 초희가 김성립에게 송도남의 장난을 멈출 방법을 일러 주었어요.

며칠이 지나 송도남이 또 김성립의 집에 들렀어요. 이번에도 대문을 들어서며 큰 소리로 외쳤지요.

"멍석님이 덕석님이 김성립이 있느냐?"

그러자 김성립이 벌떡 일어나 문을 열며 큰 소리로 말했어요.

"오냐, 귀뚜라미 맨드라미 송도남이 왔구나!"

송도남은 껄껄 웃으며 말했어요.

"하하하. 이거 한 방 먹었는걸. 자네 부인이 알려 준 모양이로군."

그런 일이 반복되자 김성립은 초희가 자신보다 더 똑똑하다는 것을 깨닫게 되었지만, 그 사실을 받아들이기는 쉽지 않았어요.

초희의 뛰어난 재주와 김성립의 어수룩함을 비교하는 사람들이 늘어나자 김성립은 마음이 힘들어졌어요.

몇몇 사람들은 초희를 헐뜯기도 했어요. 조선 시대에는 여자가 너무 똑똑하면 오히려 집안에 해가 된다고 여겼거든요.

 차츰 김성립은 친구들이 퍼뜨린 소문처럼 술 마시며 놀러 다니는 일이 늘었어요.
 "집에도 가기 싫고, 공부도 하기 싫어. 밖으로 놀러 나 가 볼까?"

공부를 게을리하니 김성립은 과거 시험에 번번이 떨어졌어요. 사람들은 그 일을 두고도 수군거렸어요.

"김성립이 계속 과거에 떨어지는 것은 그 부인이 글을 쓴다고 나서기 때문이야."

"그런 소리 말게. 공부는 안 하고 놀러만 다니니 시험에 떨어진 것이지, 누굴 탓하는가. 그리고 김성립보다 그 부인이 더 똑똑한 게 사실 아닌가."

김성립의 어머니도 초희가 책을 읽고 시를 쓰는 것을 달가워하지 않았어요. 아들이 과거에 연달아 떨어지는 것도 모두 며느리인 초희의 탓인 것만 같았지요.
"아녀자가 얌전히 앉아 바느질이나 할 것이지 어디 시를 쓴다고 나서?"

오빠 허봉은 초희의 이런 처지를 가엾이 여기고 위로해 주었어요. 중국에서 어렵게 들여온 책을 초희에게 선물하기도 했지요.

"오라버니, 이렇게 귀한 선물을 주시다니 정말 감사합니다."

"네 생각이 나서 가져왔으니 두고두고 잘 읽어라."

"그런데 왜 두보의 시집입니까?"

"두보는 중국에서 제일 유명한 시인이잖니? 나는 네 재능이 두보만큼 뛰어나다고 생각한단다. 네 손끝에서 두보의 시 같은 작품이 나오기를 바란단다."

"전에는 좋은 붓을 보내 주시더니 이번에는 귀한 책까지……. 제가 오라버니의 사랑을 어떻게 갚을 수 있을까요?"

초희는 오빠의 따스한 격려에 용기를 얻어 부지런히 시를 썼어요. 시를 쓰는 동안에는 답답한 마음이 편안해졌지요.

초희는 신선의 세계를 노래한 '유선시'를 많이 썼어요. 현실에서는 여자라는 이유로 할 수 없는 일이 많아서 상상의 날개를 펼칠 수밖에 없었던 거예요.

초희는 자신을 '인간 세상에 잠시 머무는 여자 신선'이라고 상상했어요. 그래서 시를 쓸 때면 꽃 모양으로 장식한 관을 머리에 쓰고, 책상 앞에 향을 피웠어요.

사람들은 그런 초희를 보고 손가락질을 했어요.

"망측해라. 자기가 무슨 선녀인 줄 아나 보지?"

"그러게 말이야. 화관을 쓰고 향을 피우고 시를 짓다니, 참 유별나단 말이야."

초희는 사람들의 비웃음에도 굴하지 않고 상상의 세계를 그리며 답답한 마음을 달랬어요.

신선 세계를 노래하다, 세 번째

맑은 이슬 촉촉한데 계수나무 달이 밝네.
높은 하늘에는 꽃이 지는데 어디선가 고요한 퉁소 소리.
옥황상제께 아뢰는 금호랑이 탄 사람
붉은 깃발 높이 들고 옥청으로 올라간다.

　「신선 세계를 노래하다, 세 번째」는 초희가 쓴 유선시 중 하나예요. 시를 읽다 보면 달빛이 밝고 이슬이 촉촉하게 내린 고요한 밤, 하늘에서 꽃잎이 흩날리고 어디선가 아름다운 퉁소 소리가 들려오는 것 같아요. 금빛 호랑이를 타고 옥황상제께 소식을 전하러 온 사람도 보이는 듯하지요. 그 사람은 붉은 깃발을 들고 옥황상제가 계신 옥청으로 향해요.
　초희는 시 속의 장수처럼 씩씩하게 살고 싶었어요.

하지만 현실은 만만하지 않았어요. 초희는 한숨을 쉬는 일이 점점 늘었어요.
"아기씨, 도련님 보고 기운 내세요."
"그래야지. 예쁜 내 새끼들, 엄마에게 오렴."
사람들이 뭐라고 하든 초희는 아들과 딸이 있어서 견딜 수 있었어요. 아이들은 초희의 기쁨이었지요.

그런데 그 두 아이가 일 년 사이에 차례로 세상을 떠나고 말았어요.

"이렇게 가 버리면 엄만 어떡하니……. 흑흑흑, 내 딸, 내 아들……."

"아기씨, 기운 차리세요. 계속 굶고만 계시면 정말 큰일 납니다."

초희의 배 속에는 세 번째 아이가 있었지만, 초희는 도저히 몸을 돌볼 수가 없었어요. 먼저 떠나 버린 아이들 생각에 먹지도 자지도 못했지요.

초희는 두 아이를 광릉에 묻었어요. 죽은 두 아이의 영혼이 행여 무섭거나 외롭지는 않을지 걱정이 되어 차마 발길을 돌릴 수가 없었어요. 두 아이가 함께 있으니 같이 어울려 놀 거라 마음을 다잡아 보아도, 하염없이 눈물만 흘렸지요.
　초희는 슬픈 마음을 시 속에 녹여 냈어요.

자식을 잃고 노래하다

지난해 귀여운 딸을 잃고
올해는 사랑스러운 아들마저 잃었구나.
슬프고 슬퍼라 저기 광릉에
두 무덤 나란히 서 있으니.
(……)
엄마는 안단다. 너희 남매의 넋이
밤마다 어울려 함께 노는 것을.
(……)
처량하게 노래를 읊조리자니
슬프고 슬픈 마음에 눈물만 나오는구나.

그러던 중에 초희를 아껴 주던 둘째 오빠 허봉마저 임금님의 노여움을 사 먼 곳으로 귀양을 갔어요.
"아아, 살아서 오라버니를 다시 만날 수 있을까?"
초희는 좋은 붓과 책을 선물하며 살뜰하게 자신의 재주를 아끼고 격려해 주던 오빠가 무척이나 그리웠어요. 오빠를 만날 수 없다는 생각에 말할 수 없이 마음이 쓸쓸했지요.

창밖으로 반딧불이가 날아다니는 깊은 가을밤, 초희는 먼 곳에서 고생하는 오빠 걱정에 잠을 이루지 못했어요. 나뭇잎 지는 소리마저 스산하게 들렸지요.

초희는 오빠를 생각하며 「기하곡」이라는 시를 지었어요. '하곡'은 허봉의 호(본명 외에 쓰는 이름)로, '허봉 오라버니에게 보냅니다.'라는 뜻의 시였어요.

기하곡

어두운 창가에 촛불 희미한데
반딧불이 높은 시렁을 지나갑니다.
시름 깊은 밤은 차디차고
우수수 가을바람에 나뭇잎 집니다.
가 계신 곳에선 소식이 드물고
근심은 풀 길이 없습니다.

 세월이 흘러 허봉은 귀양살이에서 풀려났어요. 하지만 답답하고 억울한 마음을 삭이지 못한 채 곳곳을 떠돌다 세상을 떠나고 말았어요.
 "아, 오라버니가 안 계시다니 믿을 수 없어."
 아이들을 잃고, 자신을 아껴 주던 오빠마저 잃은 초희는 시름시름 앓았어요. 시를 쓰며 마음을 달래 보려 했지만, 슬픔이 너무 깊어 시조차 쓸 수 없었지요.

초희는 즐거웠던 어린 시절을 떠올렸어요. 여자라고 차별하지 않고 글을 가르쳐 준 아버지, 좋은 선생님에게 배울 수 있도록 도와준 오빠, 자신이 지은 시를 즐겨 외우던 동생…….

　다정한 가족들과 달리 사람들은 초희가 아무리 시를 잘 써도 인정해 주지 않았어요. 어릴 적에는 신동이라며 치켜세웠지만, 시집을 가고 나니 여자는 살림이나 잘하면 된다고 비꼬기 일쑤였지요. 사람들이 차가운 시선으로 바라보는 일이 많아질수록 훌륭한 시인이 되고 싶다는 초희의 꿈은 저만치 멀어져 갔어요.

초희는 스물세 살이 되던 해 꾸었던 신비로운 꿈을 떠올렸어요. 신선 세계에서 가장 아름다운 광상산에 오르는 꿈이었지요. 초희는 꿈에서 함께 산을 오르던 여인들에게 시 한 수를 읊어 주었고, 잠에서 깨자 그 시를 적어 두었어요.

꿈속에서 광상산에 오르다

푸르른 바닷물은
구슬 바다로 흘러가고,

푸른 난새는
오색 빛깔 난새에 기대네.

스물일곱 송이
고운 연꽃들

서리 내리는 달밤에
붉게 지네.

초희는 점점 마음의 병이 깊어 갔어요. 자신이 얼마 살지 못하리라는 것을 예감했지요. 꿈속에서 붉게 지던 스물일곱 송이 연꽃처럼, 초희는 스물일곱 살의 꽃다운 나이에 숨을 거두고 말았어요.

　초희는 "시를 다 불태워 없애 달라."는 말을 마지막 부탁으로 남겼어요. 자신이 지은 시가 부끄럽지는 않았지만, 사람들이 여자가 지은 시라며 낮추어 보거나 헐뜯을 것을 염려했지요. 그렇게 초희가 지은 천 편이 넘는 시들은 한 줌의 재가 되어 날아가고 말았어요.

　이듬해, 동생 허균은 초희의 시집을 펴내기로 마음먹었어요.
　'누나의 훌륭한 시들이 잊히지 않도록 책을 만들어야겠어. 책 제목은 누나의 호 '난설헌'을 따서 『난설헌집』이라고 지어야지.'
　허균은 자신이 외우고 있던 초희의 시와 집에 남아 있던 시를 한데 정리했어요.

　그런데 1592년, 일본이 우리나라에 쳐들어와 임진왜란이 일어났어요. 전쟁으로 나라가 어지러워져 허균은 책을 펴낼 수가 없었어요.
　"전쟁이나 끝나고 생각해 보자고. 누이의 재주를 아까워하는 자네 맘은 알겠지만 말일세."
　"누이라서가 아니야. 정말 시가 훌륭하다고."
　"나도 안다네. 하지만 지금은 전쟁 통이니 좀 기다려 보게. 책을 펴낼 수가 없는 상황이잖나."

몇 년 뒤, 중국에서 온 사신 오명제가 허균의 집에 머물게 되었어요. 오명제는 허난설헌의 시를 보고 감탄하여 시를 모아 책으로 꾸미자고 제안했어요.

"조선에 이렇게 훌륭한 시인이 있었다니……. 이 시들을 모아 책으로 엮읍시다."

"그 말이 정말입니까?"

"그럼요. 제목은 조선의 시 중에 골라 뽑았다는 뜻으로 『조선시선』이라 붙이겠습니다. 조선의 다른 좋은 시들과 함께 중국 사람들에게 소개하면 분명 모두들 감탄할 겁니다."

오명제가 『조선시선』을 펴내자 허난설헌의 이름은 중국에 널리 알려졌어요.

"『조선시선』이라는 책 읽어 보았나?"

"그럼. 허난설헌이라는 시인의 작품이 특히 훌륭하다네. 시 한 수 한 수가 아름답고 깊은 울림이 있더군."

1606년에는 허난설헌의 글을 묶은 『난설헌집』도 나와 많은 사람들에게 읽혔어요.

하지만 중국에서 명성이 자자한 것과는 달리 우리나라에서는 여전히 허난설헌을 얕봤어요.
　"어쩌다가 중국에서 이름이 좀 난 모양이지만 여자가 지은 시가 뻔하지……."
　"여자 주제에 너무 나선 것 아니야? 하여튼 그 집안이 좀 드세다니까."

　허균은 여자라서 마음껏 시를 쓸 수 없었던 누나가 안타까웠어요. 신분이나 성별로 차별받지 않는 세상을 꿈꿨지요.
　허균이 쓴 『홍길동전』에서 홍길동은 모두가 평등하고 자유롭게 살 수 있는 나라인 율도국을 세웠어요.
　그러자 높은 벼슬자리에 있는 사람들은 허균이 율도국 같은 나라를 세우려 한다며 없는 죄를 억지로 뒤집어씌웠어요. 허균의 소설처럼 백성들에게 자신들의 지위를 빼앗길까 두려웠거든요. 결국 허균도 허난설헌처럼 미처 재능을 꽃피우지 못하고 세상을 떠났어요.

허난설헌의 시들은 중국을 비롯해 일본에까지 널리 알려졌어요. 여자가 쓴 시를 흠잡기 일쑤였던 당시에는 아주 드문 일이었지요.

조선 시대의 뛰어난 시인인 유성룡은 『난설헌집』에 "허난설헌의 시는 조금도 세상에 물든 자국이 없는 글"이라고 썼어요. 유성룡의 말처럼 허난설헌이 남긴 맑고 아름다운 시들은 지금도 많은 사람들에게 깊은 감동과 울림을 주고 있어요.

♣ 사진으로 보는 허난설헌 이야기 ♣

선녀의 글재주를 지닌 시인

　조선 시대에는 많은 사람들이 여자는 집안 살림이나 잘하면 된다고 생각했어요. 여자가 책을 보거나 글공부하는 것도 탐탁지 않게 여겼지요. 하지만 허난설헌은 그런 세상의 시선에 아랑곳하지 않고 부지런히 글을 읽고 재능을 갈고닦았어요. 그 결과 같은 시대의 뛰어난 문장가들이 "선녀의 글재주를 지녔다."며 부러워할 정도로 훌륭한 시를 여러 편 남겼어요. 허난설헌의 재능이 워낙 뛰어나기도 했지만 가족들의 도움이 있었기에 가능한 일이었지요.
　아버지 허엽은 여자라고 차별하지 않고 허난설헌의 재능을 키워 주었어요. 덕분에 허난설헌은 어린 시절부터 시 짓기에 재능을 보였어요. 여덟 살 때는 「광한전 백옥루에 대들보를 올리며」라는 시를 지어 사람들을 깜짝 놀라게 하기도 했지요. 사람들은 허난설헌의 나무랄 데 없는 글솜씨를 두고 신동이라 칭찬했어요. 둘째 오빠 허봉은 유명한 시인이었던 친구 이달에게 부탁해 허난설헌이 글을 더 많이 쓰고 배울 수 있도록 도와주었어요. 남동생 허균은 허난설헌의 시들을 꼼꼼히 읽고 기억해 두었어요. 그래서 허난설헌의 시들이 불에 타 버린 후에도 책을 펴낼 수 있었지요. 허균은 허난설헌의 시를 중국에 소개하는 데도 도움을 주었어요.

허난설헌은 자신에게 닥친 어려움에 용기 있게 맞선 시인이기도 해요. 힘든 시집살이, 아이들의 죽음을 겪으면서도 자신이 보고 느끼고 상상한 것들을 시로 옮겼지요. 특히 신선 세계를 그린 유선시들은 너무나 생생하고 환상적이어서 많은 이들에게 감동을 주었어요.

훗날 허난설헌의 시들은 중국, 일본에까지 전해져 많은 사람들의 사랑을 받았어요. 허난설헌은 특출한 재능과 끊임없는 노력으로 조선 시대에 자기 이름을 알린 보기 드문 여성이에요.

허난설헌이 남긴 글씨와 그림이에요. 왼쪽의 글씨는 『난설헌집』에 실린 시 「유선사」의 일부분이에요. 오른쪽의 「앙간비금도」라는 그림에는 한적한 시골을 배경으로 지팡이를 짚고 있는 어른과 하늘을 자유롭게 나는 새를 가리키는 아이의 모습이 담겨 있어요. '앙간비금'은 '날아가는 새를 우러러본다'는 뜻이에요.

허난설헌의 생가터

허난설헌은 지금의 강릉시 초당동에서 태어났어요.

'초당'은 허난설헌의 아버지 허엽의 호를 가리켜요. 지금 이곳에는 허난설헌이 태어난 집터가 남아 있어요. 집 둘레에는 소나무가 우거져 있어 경치가 근사해요.

허난설헌은 고향에 대한 그리움을 나타낸 시들을 여럿 지었어요. 「죽지사」의 한 부분을 보면 고향을 그리는 허난설헌의 애틋한 마음이 잘 드러나 있어요.

허난설헌을 그린 그림이 남아 있지 않아, 허엽의 직계 후손을 모델로 해 그린 허난설헌의 모습이에요.

우리 집은 강릉의 돌 쌓인 갯가로
문 앞을 흐르는 강물에 비단옷을 빨곤 했다.
아침이면 한가롭게 목란 배를 매어 놓고
짝지어 나는 원앙새를 부럽게 바라보았다.

허난설헌의 생가터 근처에는 허균, 허난설헌 기념관이 있어 허난설헌의 시가 실린 여러 시집들을 비롯해 허균의 작품과 유물들을 볼 수 있어요. 또한 이곳에서 허난설헌의 업적을 기리는 축

제가 열려서 허난설헌에 대해 자세히 알 수 있어요.

허균과 『홍길동전』

허균은 허난설헌의 동생으로, 뛰어난 글을 많이 남긴 조선 시대의 작가예요. 어려서부터 아버지, 형, 누나와 함께 '허씨 집안

강릉에 있는 허난설헌의 생가터예요. 허난설헌은 이곳에서 보낸 즐거웠던 어린 시절을 시로 남겼어요. 또 강릉의 여러 곳, 주변 풍경에 대한 그리움도 시 속에 담아냈지요.

의 다섯 문장가'라고 불릴 정도로 글을 잘 썼지요. 허균은 『학산초담』, 『교산시화』, 『한정록』 등 많은 책을 썼는데 그중 가장 유명한 것이 『홍길동전』이에요.

『홍길동전』의 주인공 홍길동은 양반집에서 태어났지만, 본부인에게서 나지 못한 서자라 차별을 받았어요. 공부며 무예, 어느 것 하나 빠지지 않는 실력을 갖추었음에도 단지 서자이기 때문에 구박을 받고 벼슬길에도 나갈 수 없었지요. 결국 홍길동은 집을 떠나 힘없는 사람들을 돕는 의적이 돼요. 그러고는 자신들의 배를 불리려고 백성들의 재산을 빼앗는 욕심 많은 관리들을 혼내 주지요. 조정에서는 홍길동에게 높은 벼슬을 내려 혼란스러워진 나라를 바로잡고자 해요. 하지만 홍길동에게는 신분이나 성별, 가난하고 부유함에 상관없이 모두가 평등한 대우를 받는 세상을 만들겠

조선 광해군 때에 허균이 지은 한글 소설 『홍길동전』이에요.
좋은 나라는 백성을 위하는 나라라는 허균의 생각이 잘 드러나 있지요.

다는 꿈이 있었어요. 그래서 조선을 떠나 차별이 없고 백성이 편안한 율도국을 세웠어요.
　『홍길동전』에는 조선이 율도국처럼 차별 없고 관리들이 백성을 위해 열심히 일하는 나라, 작지만 강한 나라가 되기를 바라는 허균의 꿈이 담겨 있어요. 허균의 이런 생각은「호민론」이라는 글에도 잘 나타나 있어요. 허균은 "천하에서 가장 두려운 존재는 오직 백성뿐이다. 정치는 백성을 위한 것"이라고 말했어요. 하지만 허균의 이런 생각은 당시 힘 있는 관리들에게 위험하게 비쳤어요. 결국 허균은 나라를 뒤엎으려 한다는 죄를 뒤집어쓰고 죽임을 당

했지요.

비록 허균은 안타깝게 죽었지만, 『홍길동전』은 지금까지도 많은 사람들의 사랑을 받고 있어요. 영화, 드라마, 애니메이션 등으로 새롭게 만들어지며 식지 않는 인기를 자랑하고 있지요.

조선 시대의 여성 작가들

황진이는 아름다운 외모와 뛰어난 재주로 유명한 기생이에요. 조선 중종 때 살았다고 알려져 있어요. 신분은 낮았지만 시 짓는 솜씨가 뛰어나 같은 시대의 내로라하는 선비들과 두루 친했다고 해요. 송도(지금의 개성)에서 유명한 세 가지는 학자인 서경덕, 천마산에 있는 박연 폭포, 그리고 황진이라고 하여 '송도삼절'이라는 말이 있을 정도로 그 이름이 널리 알려졌지요. 황진이의 작품은 시조집 『청구영언』, 『해동가요』에 남아 있는데, 많은 사람들이 지금까지도 즐겨 읊어요.

> 동짓달 기나긴 밤을 한 허리 베어 내어
> 춘풍 이불 아래 서리서리 넣었다가
> 어른님 오신 날 밤이어든 구비구비 펴리라.

시조 시인들이 가장 좋아하는 옛시조로 뽑은 황진이의 시조예요. 사랑하는 사람을 하는 그리워하는 애틋한 마음이 잘 드러나지요.

파주시 임진각 관광지에는 황진이의 시조가 새겨진 비석이 있어요. 앞면에는 시조 「청산리 벽계수야」가 쓰여 있고, 뒷면에는 한시 「박연 폭포」가 새겨져 있지요.

　　이옥봉은 허난설헌과 함께 중국에까지 이름을 알린 조선 중기의 시인으로, 주로 맑고 힘 있는 시를 썼어요. 어느 날, 이웃 아낙이 자기 남편의 누명을 벗겨 줄 글을 써 달라고 부탁했어요. 안타까운 마음에 이옥봉은 시 한 수를 써 주었고, 그 시 덕분에 아낙의 남편은 풀려났다고 해요. 이옥봉의 작품은 『명시종』, 『열조시집』 등에 기록되어 있어요.

　　작가이자 성리학자로 이름을 남긴 강정일당은 어려운 살림에도 열심히 공부했어요. 삯바느질하고 청소하는 틈틈이 옛사람들의 책을 읽고 시를 썼지요. 여자도 노력하면 학문을 높이 쌓고 성인(지혜와 덕이 매우 뛰어난 사람)의 경지에 이를 수 있다고 생각했거든요.

　강정일당은 스스로 열심히 공부했을 뿐 아니라 남편도 학문에 힘쓸 수 있게 격려를 아끼지 않았어요. 강정일당의 남편 윤광연이 쓴 글에 "내가 큰 잘못을 저지르지 않을 수 있었던 데는 선생님과 친구들의 도움도 있지만, 부인의 도움이 가장 컸다."는 내용이 있을 정도이지요. 강정일당이 지은 책들은 모두 없어지고 말았지만, 남편이 펴낸 『정일당유고』가 남아 강정일당의 시와 글이 지금까지 전해지고 있어요.

『정일당유고』예요.
강정일당이 세상을 떠난 뒤, 남편 윤광연이 아내의 글을 모아 펴낸 것이에요.

함께 보면 쏙쏙 이해되는 역사

◆ 1563년
강릉에서 태어남.

◆ 1569년
동생 허균이 태어남.

1560   **1565**

◆ 1580년경
연이어 딸과 아들을 잃고
「자식을 잃고
노래하다」를 지음.

◆ 1583년경
오빠 허봉이 귀양을 가자
그리워하며 「기하곡」을
지음.

◆ 1585년경
자신의 죽음을 예감하는
듯한 시 「꿈속에서
광상산에 오르다」를
지음.

◆ 1589년
세상을 떠남.

1580   **1585**

◆ 허난설헌의 생애
● 16세기 조선 문학의 역사

◆ **1570년**
여덟 살에 『광한전 백옥루에 대들보를 올리며』를 지어 사람들을 놀라게 함.

● **1577년**
김성립과 결혼함.

1570　　　　　**1575**

◆ **1590년**
허균이 허난설헌의 시를 모아 『난설헌집』 초고를 만듦.

● **1600년경**
중국 사신 오명제가 허난설헌의 시가 수록된 『조선시선』을 펴냄.

● **1606년경**
중국과 조선에서 『난설헌집』이 간행됨.

1590　　　　　**1600~**

● **1728년**
김천택이 여러 사람의 시조를 모아 시조집 『청구영언』을 펴냄.

● **1836년**
윤광연이 강정일당의 시와 글을 모아 『정일당유고』를 펴냄.

추천사

「새싹 인물전」을 펴내면서

　요즈음 아이들에게 '훌륭한 사람'이 누구냐고 물으면 '돈 많이 버는 사람'이라고 대답한다고 합니다. 초등학생의 태반은 가수나 배우가 되고 싶어 하고요. 돈 많이 버는 사람이나 연예인이라는 직업이 나쁘다는 것이 아니라, 아이들이 각자가 갖고 있는 재능과는 상관없이 모두 똑같은 꿈을 갖는 것 같아 걱정입니다. 또 한편으로는 아이들이 진정 마음으로 닮고 싶은 사람에 대한 정보가 부족한 것은 아닌가 하는 생각도 듭니다.

　어릴수록 위인 이야기의 힘은 큽니다. 아직 어리고 조그마한 아이들은 자신이 보잘것없다고 생각하고 위인들의 성공에 감탄합니다. 하지만 그네들에게는 끝없이 열린 미래가 있습니다. 신화처럼 빛나는 위인들의 모습은 아이들에게 훌륭한 역할 모델이 되고, 그런 삶을 살기 위해 무엇을 어떻게 해야 할지를 알려 주는 밝은 등대가 됩니다.

　그렇다면 우리가 어른으로서 아이들에게 권해야 할 위인전은 무엇일까요? 보통 우리가 생각하는 '위인'은 훌륭한 업적을 남긴 위대한 사람, 멋지고 능력 있는 사람입니다. 하지만 시대가 변했으니 아이들이 역할 모델로 삼을 수 있는 위인의 정의나 기준도 변해야 할 것입니다.

그런 의미에서 비룡소의 「새싹 인물전」은 종래의 위인전과는 다른 점이 많습니다. 시리즈 이름이 '위인전'이 아닌 '인물전'이라는 데 주목하기 바랍니다. 「새싹 인물전」은 하늘에서 빛나는 위인을 옆자리 짝꿍의 위치로 내려놓습니다. 만화 같은 친근한 일러스트는 자칫 생소할 수 있는 옛사람들의 이야기를 일상에서 만날 수 있는 재미있는 사건처럼 보여 줍니다.

또 하나, 「새싹 인물전」에는 위인전에 단골로 등장하는 태몽이나 어린 시절의 비범한 에피소드, 위인 예정설 같은 과장이 없습니다. 사실 이런 이야기들은 현대를 사는 아이들에게는 황당하고 이해하기 힘든 일일 뿐입니다. 그보다는 천 리 길도 한 걸음부터, 큰 성공도 자잘한 일상의 인내와 성실함이 없었다면 이루어질 수 없었다는 것을 알려 주는 것이 중요합니다. 세상 사람들의 우러름을 받는 이들도 여느 아이들과 같은 시절을 겪었음을 보여 줌으로써, 아이들에게 괜한 열등감을 주지 않고 그네들의 모습을 마음속에 담을 수 있도록 해 주는 것입니다.

　덧붙여 위인전이란 그 인물이 얼마나 훌륭한 업적을 남겼는가 보여 주는 것도 중요하지만, 얼마나 참된 인간다움을 보였는가를 알려 줄 필요도 있습니다. 여기서 '인간다움'이란 기본적인 선함과 이해심, 남을 위해 봉사할 수 있는 사랑과 배려, 그리고 한 가지 목표를 설정하고 앞으로 나아갈 수 있는 의지와 용기를 말합니다. 성취라는 결과보다는 성취하기 위한 과정을 보여 주고, 사회적인 성공보다는 한 인간으로서 얼마나 자기 자신에게 철저하고 진실했는지를 보여 주는 것이 중요하다는 것입니다.

　하지만 아무리 좋은 가르침도 사랑과 따뜻함이 없으면 억누름과 상처가 될 뿐이겠지요. 「새싹 인물전」은 나의 노력과 의지에 따라 얼마든지 의미 있는 삶을 살 수 있음을 알려 줍니다. 내가 알고 있는 삶 외에도 또 다른 삶이 존재할 수 있다는 것, 꿈을 키우고 이루어 가는 과정에서 배우고 경험하게 되는 것들의 가치, 그런 따뜻함을 담고 있는 위인전입니다. 부디 이 책이 삶의 첫발을 내딛는 아이들에게 좋은 길잡이가 되었으면 하는 바람입니다.

기획 위원

박이문(전 연세대 교수, 철학)
장영희(전 서강대 교수, 영문학)
안광복(중동고 철학 교사, 철학 박사)

- 사진 제공

  55, 57, 58쪽_ 위키피디아. 56쪽_ 손연칠. 60쪽_ 연합 뉴스. 61쪽_ 경기도 박물관.

글쓴이 **김은미**

이화 여자 대학교 국어 국문학과, 이화 여자 대학교 및 부산 대학교 대학원에서 공부했다. 지은 책으로 『정약용』, 『사회는 쉽다 5 우리 명절과 음식 문화』, 『정약용의 편지』, 『고운 최치원, 나루에 서다』(공저), 『퇴계 달중이를 만나다』(공저), 『다산, 그에게로 가는 길』(공저) 등이 있다.

그린이 **유승하**

만화와 어린이 책에 그림을 그리고 있다. 지은 책으로 만화 『엄마 냄새 참 좋다』, 『날마다 도서관을 상상해』 등이 있으며, 그린 책으로 『살려 줄까 말까?』, 『고양이 목에 방울 달기』, 『김 배불뚝이의 모험』, 『나운규』 등이 있다.

새싹 인물전 **허난설헌**
045

1판 1쇄 펴냄 2011년 9월 16일   1판 12쇄 펴냄 2020년 5월 22일
2판 1쇄 펴냄 2021년 5월 28일   2판 3쇄 펴냄 2024년 1월 18일

글쓴이 김은미   그린이 유승하
펴낸이 박상희   편집장 전지선   편집 송재형   디자인 박연미, 이유림
펴낸곳 (주)비룡소   출판등록 1994.3.17. (제16-849호)
주소 06027 서울시 강남구 도산대로1길 62 강남출판문화센터 4층
전화 02)515-2000   팩스 02)515-2007   홈페이지 www.bir.co.kr
제품명 어린이용 각양장 도서   제조자명 (주)비룡소   제조국명 대한민국   사용연령 3세 이상

ⓒ 김은미, 유승하, 2011. Printed in Seoul, Korea

ISBN 978-89-491-2925-9 74990
ISBN 978-89-491-2880-1 (세트)

「새싹 인물전」 시리즈

- 001 **최무선** 김종렬 글 이경석 그림
- 002 **안네 프랑크** 해리엇 캐스터 글 헬레나 오웬 그림
- 003 **나운규** 남찬숙 글 유승하 그림
- 004 **마리 퀴리** 캐런 월리스 글 닉 워드 그림
- 005 **유일한** 임사라 글 김홍모·임소희 그림
- 006 **윈스턴 처칠** 해리엇 캐스터 글 린 윌리 그림
- 007 **김홍도** 유타루 글 김홍모 그림
- 008 **토머스 에디슨** 캐런 월리스 글 피터 켄트 그림
- 009 **강감찬** 한정기 글 이홍기 그림
- 010 **마하트마 간디** 에마 피시엘 글 리처드 모건 그림
- 011 **세종 대왕** 김선희 글 한지선 그림
- 012 **클레오파트라** 해리엇 캐스터 글 리처드 모건 그림
- 013 **김구** 김종렬 글 이경석 그림
- 014 **헨리 포드** 피터 켄트 글·그림
- 015 **장보고** 이옥수 글 원혜진 그림
- 016 **모차르트** 해리엇 캐스터 글 피터 켄트 그림
- 017 **선덕 여왕** 남찬숙 글 한지선 그림
- 018 **헬렌 켈러** 해리엇 캐스터 글 닉 워드 그림
- 019 **김정호** 김선희 글 서영아 그림
- 020 **로버트 스콧** 에마 피시엘 글 데이브 맥타가트 그림
- 021 **방정환** 유타루 글 이경석 그림
- 022 **나이팅게일** 에마 피시엘 글 피터 켄트 그림
- 023 **신사임당** 이옥수 글 변영미 그림
- 024 **안데르센** 에마 피시엘 글 닉 워드 그림
- 025 **김만덕** 공지희 글 장차현실 그림
- 026 **셰익스피어** 에마 피시엘 글 마틴 렘프리 그림
- 027 **안중근** 남찬숙 글 곽성화 그림
- 028 **카이사르** 에마 피시엘 글 레슬리 뷔시커 그림
- 029 **백남준** 공지희 글 김수박 그림
- 030 **파스퇴르** 캐런 월리스 글 레슬리 뷔시커 그림
- 031 **유관순** 유은실 글 곽성화 그림
- 032 **알렉산더 벨** 에마 피시엘 글 레슬리 뷔시커 그림
- 033 **윤봉길** 김선희 글 김홍모·임소희 그림
- 034 **루이 브라유** 테사 포터 글 헬레나 오웬 그림
- 035 **정약용** 김은미 글 홍선주 그림
- 036 **제임스 와트** 니컬라 백스터 글 마틴 렘프리 그림
- 037 **장영실** 유타루 글 이경석 그림
- 038 **마틴 루서 킹** 베르나 윌킨스 글 린 윌리 그림
- 039 **허준** 유타루 글 이홍기 그림
- 040 **라이트 형제** 김종렬 글 안희건 그림
- 041 **박에스더** 이은정 글 곽성화 그림
- 042 **주몽** 김종렬 글 김홍모 그림
- 043 **광개토 대왕** 김종렬 글 탁영호 그림
- 044 **박지원** 김종광 글 백보현 그림
- 045 **허난설헌** 김은미 글 유승하 그림
- 046 **링컨** 이명랑 글 오승민 그림
- 047 **정주영** 남경완 글 임소희 그림
- 048 **이호왕** 이영서 글 김홍모 그림
- 049 **어밀리아 에어하트** 조경숙 글 원혜진 그림
- 050 **최은희** 김혜연 글 한지선 그림
- 051 **주시경** 이은정 글 김혜리 그림
- 052 **이태영** 공지희 글 민은정 그림
- 053 **이순신** 김종렬 글 백보현 그림
- 054 **오드리 헵번** 이은정 글 정진희 그림
- 055 **제인 구달** 유은실 글 서영아 그림
- 056 **가브리엘 샤넬** 김선희 글 민은정 그림
- 057 **장 앙리 파브르** 유타루 글 하민석 그림
- 058 **정조 대왕** 김종렬 글 민은정 그림
- 059 **나폴레옹 보나파르트** 남찬숙 글 남궁선하 그림
- 060 **이종욱** 이은정 글 우지현 그림

061	**박완서**	유은실 글 이윤희 그림
062	**장기려**	유타루 글 정문주 그림
063	**김대건**	전현정 글 홍선주 그림
064	**권기옥**	강정연 글 오영은 그림
065	**왕가리 마타이**	남찬숙 글 윤정미 그림
066	**전형필**	김혜연 글 한지선 그림
067	**이중섭**	김유 글 김홍모 그림
068	**그레이스 호퍼**	박주혜 글 이해정 그림

* 계속 출간됩니다.